LES
BUDGETS DE L'ALGÉRIE

ET DE LA TUNISIE

(1883)

PAR

E. FOURMESTRAUX

SECRÉTAIRE GÉNÉRAL DE PRÉFECTURE EN RETRAITE

PARIS

IMPRIMERIE ET LIBRAIRIE ADMINISTRATIVES

Paul DUPONT

41, RUE JEAN-JACQUES-ROUSSEAU, 41

1882

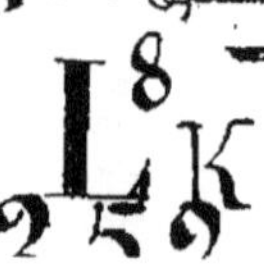

LES
BUDGETS DE L'ALGÉRIE

ET DE LA TUNISIE

(1883)

PAR

E. FOURMESTRAUX

SECRÉTAIRE GÉNÉRAL DE PRÉFECTURE EN RETRAITE

PARIS

IMPRIMERIE ET LIBRAIRIE ADMINISTRATIVES

PAUL DUPONT

41, RUE JEAN-JACQUES-ROUSSEAU, 41.

1882

LES

BUDGETS DE L'ALGÉRIE

ET DE LA TUNISIE

1883

ALGÉRIE

Le budget général de l'Algérie pour 1883, tel qu'il est présenté aux Chambres, s'élève à 94,943,485 francs ; mais si les augmentations que plusieurs députés ont l'intention de demander par voie d'amendements sont votées, il dépassera cent millions, dont 58,101 750 francs pour l'armée d'occupation, fixée à 53,056 hommes parmi lesquels on compte 11,780 soldats indigènes, infanterie et cavalerie.

Aucune prévision ne figure à ce budget pour la Tunisie ; il est vrai que si l'occupation provisoire de cette Régence devait se prolonger, ou devenir définitive, ce qui est dans les vœux de beaucoup d'esprits éclairés, des crédits seraient demandés aux Chambres pour arrêter les bases de son organisation administrative.

Toutefois, avant de traiter cette question et d'examiner l'ensemble des dépenses proposées par le gouvernement, il nous paraît intéressant de remonter aux budgets des premiers temps de la conquête, en suivant chronologiquement les phases, un peu oubliées aujourd'hui, par lesquelles ont passé l'Algérie et la Tunisie, avant d'arriver à la situation actuelle.

Le jour même de la capitulation d'Alger, une convention signée par Hussein-Dey et le général en chef de l'armée française, fit connaître aux habitants que leur liberté, leur religion, leurs propriétés, leur commerce et leur industrie, ne recevraient aucune atteinte.

En consacrant la destruction du gouvernement Algérien, la capitulation du 5 juillet 1830 n'avait, il est vrai, donné à la France qu'une seule ville ; mais elle établissait les bases de notre domination, et elle brisait d'un seul coup les liens qui, depuis plusieurs siècles, unissaient à Alger toutes les populations du nord de l'Afrique, depuis Tabarka, à l'est, jusqu'à la Malouïa, à l'ouest.

Lorsque la nouvelle de la prise d'Alger fut connue à Oran, elle devint le signal d'une insurrection générale de la population arabe contre les Turcs et le vieil Hassan, bey de la province, dont la domination avait été violente et impitoyable. Hassan implora l'assistance de la France et proposa d'abdiquer, plutôt que de se rendre à l'empereur du Maroc, qui déjà cherchait à s'emparer de Tlemcen. Un régiment de ligne partit d'Alger le 6 août pour aller prendre possession d'Oran ; mais il fut presqu'aussitôt rappelé, dès que la nouvelle de la révolution de Juillet parvint à Alger. L'affaire fut reprise par le général Clauzel, successeur du maréchal de Bourmont. Après quelques mois d'hésitation, le général Clauzel fit occuper Mers-el-Kebir le 14 décembre 1830, et Oran le 4 janvier 1831 ; mais par suite d'une convention passée avec le bey de Tunis, un officier de ce prince alla avec deux cents Tunisiens prendre possession du beylik d'Oran. Un régiment français fut cependant laissé à Oran. L'inintelligence de ce nouveau gouverneur, et la haine que ses soldats inspiraient aux habitants d'Oran, créèrent bientôt une situation des plus difficiles. Le gouvernement français n'ayant pas cru d'ailleurs devoir ratifier la convention qui cédait la province d'Oran au bey de Tunis, la ville fut occupée pour le compte de la France, et le 12 septembre 1831, le général Boyer vint en prendre le commandement.

Les communications entre Alger et Oran étaient alors assez difficiles par mer, et absolument impossibles par terre, car aucun des liens qui assuraient antérieurement la dépendance des tribus n'avait survécu à la dissolution de l'ancien établissement politique. Les Turcs, qui jadis maintenaient l'obéissance au nom des beys, étaient dispersés, et les populations arabes abusaient d'une liberté qui, jusque-là, leur étaient inconnue ; aussi, se faisaient-elles des guerres de voisinage qu'aucun chef indigène ne pouvait réprimer, parce qu'aucun d'eux ne se sentait assez fort pour imposer aux autres son autorité.

Ces hostilités entretenaient parmi les indigènes des idées belliqueuses, et le général Berthezène, qui avait succédé au général Clauzel, comprit que pour conserver vis-à-vis des Arabes le prestige que la prise d'Alger et l'occupation d'Oran avaient donné à l'armée française, il fallait que son autorité se substituât partout à celle des beys. Il demanda au Gouvernement l'autorisation de faire occuper les principaux ports de la Régence, ainsi que les villes les plus rapprochées du littoral.

C'est ainsi que par ordre de ce général en chef et de ses successeurs, nos marins et nos soldats s'emparèrent, par une suite non interrompue de glorieux faits d'armes, des ports de Bône, Bougie, Arzew, Mostaganem, et des places de Blida, Médéa, Miliana et Tlemcen, où des proclamations, rappelant les termes de la capitulation d'Alger, assuraient aux indigènes la liberté de leur culte, de leurs usages et de leurs propriétés.

Malgré ces démonstrations hardies, notre domination n'était pas acceptée au delà des cercles que nous occupions, surtout dans les provinces d'Oran et de Constantine.

Abd-el-Kader, aidé par le prestige religieux dont jouissait son père, s'était fait proclamer sultan ; il levait des contributions, et, sous menace de mort, empêchait les Arabes d'alimenter les marchés d'Oran et de Mostaganem.

De son côté, Hadj-Ahmed, bey de Constantine, continuant d'exercer un pouvoir qui aurait dû finir avec le règne du dey d'Alger, profitait de l'inaction forcée dans laquelle était retenu le commandant de Bône, pour commettre des exactions et des cruautés inouïes sur les tribus qui sollicitaient notre protection en promettant d'accepter notre domination.

Cette situation devenait intolérable, aussi bien dans l'est que dans l'ouest, et il fallait, ou abandonner les places que nous avions conquises, ou prendre une vigoureuse offensive.

Déjà, en 1834, on avait commis la faute de reconnaître l'autorité d'Abd-el-Kader, en acceptant une convention par laquelle on lui donnait le titre d'Emir, en lui abandonnant tous les points de la province d'Oran non occupés par nos troupes. Dès ce moment, il établit le siège de son gouvernement à Mascara, et il réunit dans cette ville une grande quantité de provisions de toute nature, ainsi qu'un matériel considérable d'artillerie.

Lorsqu'il se crut assez fort pour nous résister, il parcourut les tribus qui nous étaient soumises, les souleva de nouveau contre nous, et viola ouvertement la convention du 26 février 1834. Il fallut donc prendre des dispositions pour anéantir la puissance naissante d'Abd-el-Kader, qui déjà avait réuni 11,000 cavaliers et 4,000 fantassins. Le maréchal Clauzel, qui était revenu en Algérie comme gouverneur général, forma un corps d'armée de 8,000 hommes avec lequel il marcha sur Mascara, où il entra le 5 décembre 1835 ; mais comme cette ville, située dans l'intérieur des terres, n'offrait pas alors de ressources à l'occupation, nos soldats l'abandonnèrent le 8 décembre, après avoir détruit son mur d'enceinte ainsi que les provisions et le matériel de guerre que l'Emir y avait accumulés.

La prise de Mascara avait porté un coup fatal au prestige d'Abd-el-Kader, qui, voyant les chefs influents se détacher de son parti, alla se réfugier chez les tribus amies de la frontière du Maroc; là, il s'efforça, par ses prédications et par ses émissaires, d'atténuer l'effet moral que la destruction de Mascara avait produit sur ses partisans.

La tranquillité paraissant assurée pour quelque temps dans la province d'Oran, on résolut d'en finir avec Hadj-Ahmed.

Le 10 mars 1836, le commandant de spahis Youssouf fut nommé bey de Constantine, avec les pouvoirs de se faire reconnaître par les chefs indigènes qui se déclaraient ses partisans, et de s'imposer par les armes à ses adversaires. La soumission d'un grand nombre de tribus fut la conséquence de cette première mesure, et notre domination fut reconnue sur le littoral jusqu'à La Calle; mais dans l'intérieur, nous ne pouvions nous aventurer au delà de Dréan, à environ 25 kilomètres de Bône, où Youssouf avait provisoirement établi son camp, en attendant que des forces supérieures à celles dont il disposait lui permissent de marcher sur Constantine.

Le succès paraissant assuré, le maréchal Clauzel se fit autoriser à aller installer Youssouf, avec les 9,000 hommes qu'il avait réunis.

Le 8 novembre 1836, le corps expéditionnaire quitta Dréan, et le 21 il prit position devant Constantine. La marche avait été pénible; les chemins étaient défoncés par les pluies survenues, et les ruisseaux changés en torrents. L'hiver, qu'on avait jusque-là trouvé si doux en Afrique, s'était annoncé tout à coup avec des rigueurs inaccoutumées. Un froid humide éclaircissait chaque jour le nombre des combattants. Après d'incroyables efforts et des fatigues inouïes, l'armée était arrivée devant la forteresse d'Hadj-Ahmed; là encore elle dut lutter avec énergie contre les éléments. Le maréchal Clauzel, jugeant que son matériel de guerre et ses approvisionnements étaient insuffisants pour tenter l'assaut, ordonna la retraite. Elle se fit en bon ordre, sans que l'ennemi pût se flatter de l'avoir provoquée. Toujours maîtresse de ses mouvements, bien qu'ayant déjà perdu le quart de son effectif, l'armée se replia lentement sur Bône; mais en repoussant victorieusement les attaques des nombreux cavaliers arabes qui tentèrent plusieurs fois de les envelopper, nos braves soldats trouvèrent souvent l'occasion de se défendre en héros, surtout ceux de l'arrière-garde, qui, sous les ordres du commandant Changarnier, formèrent un carré qui résista aux attaques les plus impétueuses et permirent

aux blessés d'échapper au massacre qui les attendait infaillible-
ment.

A la suite de cette retraite, le maréchal Clauzel fut remplacé
par le général Damrémont, qui, dès son arrivée à Alger, en février 1837, prit les dispositions nécessaires pour rétablir l'ascendant français compromis par la dernière campagne. Cette fois,
c'est à Medjez-Ammar, point situé à mi-chemin de Bône à Constantine, que fut formé le camp destiné à devenir le point de
départ des opérations ultérieures sur la capitale d'Hadj-Ahmed.
Tous les préparatifs pour assurer le succès étant terminés, l'armée,
forte de 10,000 hommes, se mit en marche le 1er octobre 1837.
Elle arrivait le 6 devant la place, qui était prise d'assaut le 13 au
matin; mais cette victoire nous avait coûté des pertes douloureuses : le général Damrémont l'avait déjà payée de sa vie,
lorsque, à son tour, le vaillant colonel Combe fut blessé mortelle-
ment en plantant le drapeau tricolore sur les remparts qu'il
venait d'enlever à la tête de son régiment.

La prise de Constantine a détruit le pouvoir d'Hadj-Ahmed,
qui, abandonné de la meilleure partie de ses troupes et repoussé
par les tribus qui pouvaient désormais se dérober sans crainte à
sa sanglante tyrannie, s'est dirigé en fugitif vers le Sud, où il resta
jusqu'au mois de mai 1848, époque à laquelle il fit sa complète
soumission.

Ce beau fait d'armes nous a mis en possession de la province la
plus étendue, la plus riche, la plus fertile et la plus peuplée de
la Régence, car aucun parti ne pouvait plus, de ce côté, s'opposer
à notre domination.

Le général Valée, qui avait commandé l'artillerie de siège et
dirigé l'assaut, fut nommé maréchal de France et gouverneur
général de l'Algérie. Il reçut en même temps l'ordre de se conformer aux instructions qui avaient été données, le 21 septembre 1837, au général Damrémont, lesquelles prescrivaient de
maintenir l'administration qu'il trouverait établie à Constantine,

notamment la municipalité, ainsi que les autorités civiles et religieuses.

A peine la victoire venait-elle d'inaugurer dans cette province
une souveraineté nouvelle, que les tribus se présentaient en
foule pour faire leur soumission en demandant pour leurs chefs
le bournous d'investiture, tandis que, de leur côté, les soldats qui
composaient les milices d'Hadj-Ahmed réclamaient l'honneur de
servir sous le drapeau victorieux. C'est ainsi que le maréchal
Valée forma, sous les ordres d'officiers et sous-officiers français,
parmi lesquels figurait le lieutenant Bourbaki, un corps indigène
dont l'organisation fut approuvée par le ministre de la guerre.
C'est également sur ces bases qu'avait été composé à l'origine,
peu de temps après la prise d'Alger, le premier bataillon de
zouaves ; mais les zouaves finirent par être recrutés exclusivement
parmi les soldats français, tandis que les troupes indigènes de
Constantine ont conservé leur organisation première et sont de-
venues les tirailleurs algériens et les spahis.

Le maréchal Valée n'ignorait pas que, dans l'esprit des Arabes,
le maître est celui auquel l'impôt est dû et qui a la force d'en
exiger le payement ; il était dès lors d'un intérêt d'autant plus
pressant de le faire rentrer, que le changement du prince pouvait
donner quelque crédit à l'opinion religieuse d'après laquelle la
dîme musulmane ne serait pas due à un souverain qui ne profes-
serait pas l'islamisme. Nos soldats indigènes furent donc dirigés
sur les différents points de la province de Constantine pour inviter
les caïds à faire rentrer les impôts arriérés, sauf à se conformer
aux anciens usages, soit sur la nature et la quotité des taxes, soit
sur la part à faire aux chefs indigènes qui seraient chargés d'en
opérer le recouvrement.

L'emploi des troupes indigènes pour accomplir cette première
mission ayant complètement réussi, on songea à utiliser les chefs
des grandes familles du pays, ainsi que les personnages influents
et respectés, en leur confiant, avec le titre de khalifa, l'adminis-

tration des tribus les plus éloignées, sans rien changer à leur an
cienne constitution.

Ce système de gouvernement du pays par le pays produisit les
meilleurs résultats : il évita à la France des sacrifices d'hommes
et d'argent, régularisa la rentrée des impôts, assura la tranquillité,
favorisa le développement des cultures qui sont la richesse de ces
contrées, et affermit notre domination jusqu'aux frontières du
désert, où le khalifa Bou-Aziz-Ben-Ganah et ses descendants n'ont
cessé, depuis près d'un demi-siècle, de faire respecter le drapeau
français.

Afin de compléter l'occupation de cette belle province, le général Négrier fut chargé de rechercher une voie plus courte que la
route de Bône pour rattacher Constantine à la mer. A la suite
d'une reconnaissance effectuée à travers un pays tout à fait inconnu, et dans lequel les Turcs n'avaient pas osé s'avancer depuis
fort longtemps, ce général franchit les montagnes qui séparent la
vallée du Rummel du bassin de Rusicada, et marcha jusqu'à l'em-
placement de cette ancienne ville romaine, à l'extrémité sud-est
de la rade de Stora. C'est là que peu de temps après fut fondée
Philippeville, qui compte aujourd'hui près de 15,000 habitants, et
où se font tous les mouvements d'importations et d'exportations
de la province de Constantine.

Ainsi constituée sous l'heureuse influence des événements qui
s'y étaient accomplis depuis une année, cette province a presque
toujours été à l'abri des tentatives de soulèvements que provo-
quèrent à diverses reprises des marabouts ambitieux, ou des in-
trigants illuminés se disant les descendants du Prophète et les
envoyés de Dieu pour chasser les chrétiens des pays musulmans.

Depuis cette époque, c'est-à-dire depuis plus de quarante ans,
très peu de modifications ont été apportées au régime administratif
adopté dans l'est de l'Algérie à l'égard des indigènes, et il est
permis d'affirmer que c'est à ce système si simple, si peu coûteux
pour nos finances, que nous devons la sécurité qui, sauf à de
rares intervalles, n'a cessé de régner dans la province de Constan-

tiné, où la colonisation a pris le plus grand développement, ainsi que le constatent toutes les statistiques publiées par le gouvernement.

La paix étant rétablie sur tous les points de nos possessions, le gouvernement promulgua, le 31 octobre 1838, conformément aux pressantes propositions du maréchal Valée, une ordonnance portant réorganisation de l'administration civile de l'Algérie, laquelle créait un procureur général, chef du service de la justice, un directeur des finances, et substituait à l'intendant civil un directeur de l'intérieur ayant dans ses attributions l'administration générale, provinciale et communale, les travaux publics, le commerce, l'agriculture, l'instruction publique, les cultes, ainsi que tous les autres services qui ne ressortissaient pas à la justice ni aux finances.

Des sous-directeurs de l'intérieur furent chargés des mêmes attributions dans les provinces d'Oran et de Constantine, où l'on créa également des commissariats civils sur les points les plus éloignés, afin d'aider aux premiers essais de colonisation. Il était, en effet, dans les vues du gouvernement d'entrer franchement dans cette voie, en envoyant en Algérie des cultivateurs auxquels il concéderait gratuitement des terres s'ils possédaient les connaissances et les ressources nécessaires pour les mettre en rapport.

La tranquillité qui régnait alors, surtout dans l'est de nos possessions, était telle que le maréchal Valée crut pouvoir se rendre de Constantine à Alger avec un corps d'armée de moins de 6,000 hommes, formant deux divisions. L'une sous les ordres du général Galbois, devait rentrer à Constantine après avoir terminé les travaux nécessaires à l'occupation définitive de Sétif, tandis que l'autre, commandée par le duc d'Orléans, se dirigerait vers Alger par les Portes-de-Fer.

C'est le 28 octobre 1839, à midi, que commença le passage de ces redoutables roches que les Turcs n'avaient franchies qu'en payant un tribut, et où jamais n'étaient parvenues les légions romaines. Quatre heures suffirent à cette opération difficile. Après avoir laissé sur les flancs de ces immenses murailles, dressées par la nature à une hauteur de plus de cent pieds, cette simple inscription «*Armée française, 1839*» la colonne se dirigea le lendemain sur Hamza, où elle fut attaquée par Ben-Salem; mais les cavaliers de ce khalifa d'Abd-el-Kader furent vivement poursuivis par notre cavalerie, et, le 30 octobre, l'armée des Portes-de-Fer faisait son entrée à Alger. Des fêtes où s'unirent dans un sentiment unanime l'armée et la population de la colonie, scellèrent le pacifique triomphe que nos armes venaient de remporter.

Le passage des *Biban* marqua dans notre domination un progrès qui irrita profondément l'orgueil d'Abd-el-Kader; dès ce moment, il ne dissimula plus ses dispositions hostiles. Après avoir fait attaquer sans succès, par Ben-Salem, le corps expéditionnaire, il expédia plusieurs émissaires à des chefs influents des environs de Djidjelli pour les appeler à la guerre sainte, tandis que les renseignements venus d'Oran ne laissaient plus de doutes sur les efforts qu'il faisait pour entraîner les populations dans un grand mouvement contre nous. D'après ses ordres, les tribus soumises à son autorité cessèrent d'approvisionner nos marchés; quelques chefs ayant essayé d'opposer de la résistance, furent décapités, et leurs femmes essuyèrent les derniers outrages; quiconque était soupçonné d'entretenir des relations avec nous, devenait l'objet de violences inouïes.

Au même moment, des événements graves se passaient dans la province d'Alger, où les hadjoutes, soulevés par Ben-Salem, se livraient à des actes de brigandages et commettaient d'épouvantables cruautés. Aucune déclaration de guerre n'avait précédé cette reprise d'hostilités, et c'est ainsi qu'Abd-el-Kader, déchirant le voile dont il avait couvert jusqu'alors sa véritable pensée, appela sur sa tête les terribles représailles de la France.

C'est en janvier 1840 que les hostilités furent reprises par Abd-el-Kader, et, le 2 février, Mustapha-ben-Tamy, un de ses lieutenants, attaqua avec plus de 10,000 hommes le fort de Mazagran, non loin de Mostaganem. Cette petite redoute n'avait pour garnison que 123 soldats du 1er bataillon d'infanterie légère d'Afrique, qui se défendirent en héros, repoussant successivement dix assauts livrés par Ben-Tamy, lui tuant ou blessant plus de 600 fantassins arabes. Les défenseurs de Mazagran n'eurent que trois tués et 16 blessés.

Ce brillant fait d'armes inaugurait bien la campagne ; il servit d'exemple à nos soldats qui, le 19 mai suivant, marchant sur Médéa, enlevèrent avec une rare vigueur le col de Mouzaïa, où Abd-el-Kader avait fait construire de formidables retranchements que ses réguliers défendirent en désespérés. A la suite de cette victoire, Médéa, Miliana, Tenez, Cherchel, furent définitivement occupés, et les hadjoutes repoussés de tous les points du territoire d'Alger, après avoir opposé la plus vive résistance.

Le maréchal Valée ne s'était pas porté de sa personne dans la province d'Oran ; mais le général Lamoricière, auquel il avait adressé des instructions précises, repoussa à de très grandes distances et châtia jusque sur leurs territoires les tribus qui nous avaient abandonné pour se joindre à Abd-el-Kader. La guerre s'est ainsi continuée jusqu'à la fin de 1840, selon le même système de déprédation et de dévastation, sans jamais avoir de rencontres sérieuses ni d'engagements décisifs avec l'Emir, qui les évitait avec soin.

Cette campagne avait beaucoup fatigué le maréchal Valée, qui demanda et obtint l'autorisation de rentrer en France. Il avait rendu la tranquillité à la plaine de la Mitidja, et refoulé les forces de l'Emir dans les parties méridionales et occidentales de la province d'Alger ; dans celle d'Oran, les opérations avaient été conduites avec vigueur ; et, grâce à l'organisation qu'il avait donnée à celle de Constantine, l'autorité française s'y affermissait, les indigènes des tribus demeuraient étrangers aux troubles de l'ouest, les impôts rentraient facilement, les routes étaient sûres, et les communications faciles.

Cependant l'Emir conservait encore des forces imposantes, et il occupait des positions d'où il lui était facile de troubler les progrès de notre établissement agricole.

Telle était la situation de l'Algérie lorsque, le 22 février 1841, le général Bugeaud arriva à Alger comme gouverneur général, pour succéder au maréchal Valée et poursuivre énergiquement son œuvre. Ce général qui avait, en 1837, signé avec Abd-el-Kader le fameux traité de la Tafna, reçut du gouvernement la mission d'anéantir la puissance de l'Emir par tous les moyens que la guerre mettait à sa disposition. Dans ce but, l'occupation définitive de Mascara avec une force suffisante était considérée comme essentielle, et dès l'ouverture de la campagne, le ministre de la guerre fixa à 78,000 hommes l'effectif de l'armée d'Afrique. Cet accroissement de forces, et les opérations actives auxquelles prirent part près de 30,000 hommes, portèrent, en 1841, les dépenses de l'armée d'Afrique à 62,500,000 francs, et empêchèrent d'augmenter le budget de la colonisation.

Ce n'était pas la première fois que le général Bugeaud allait combattre Abd-el-Kader; il connaissait ses ruses de guerre, il savait à quels actes de dévastation il avait recours pour jeter l'épouvante parmi les tribus qui nous étaient soumises; aussi ce général s'apprêtait-il à faire éprouver des pertes sensibles aux troupes de l'Emir, comme déjà, en 1836, il les avait jetées dans la plus complète déroute au Sig, à l'Habra et à la Sikka. Jamais, en effet, les opérations de guerre ne furent menées avec plus de rapidité et d'impétuosité. Les places de Tlemcen, Thaza, et Tagdempt, qu'Abd-el-Kader avait mis tous ses soins à fortifier, tombèrent en quelques semaines au pouvoir de nos troupes; la pioche et la mine rasèrent de fond en comble ces deux derniers forts et firent perdre en peu de jours à l'Emir le fruit des efforts qu'il avait consacrés à leur établissement.

Cette campagne de printemps, heureusement terminée, permit de donner à nos braves soldats un repos qui dura jusqu'à l'automne, époque à laquelle les opérations furent reprises avec une énergie telle que Boghar, Saïda, et les autres points occupés par Abd-el-

Kader sur la limite du Tell et du désert, tombèrent promptement en notre pouvoir. La guerre avait alors changé de face, car l'Emir était réduit à la défensive; et tandis que, en 1839, il venait incendier non loin d'Alger et d'Oran nos établissements agricoles, il ne pouvait plus, en 1841, conserver les places de dépôt qui lui restaient, et il devait évacuer le Tell pour mettre ses approvisionnements à l'abri de nos tentatives. Ses ressources diminuaient sensiblement, il commençait à être abandonné par quelques-uns de ses lieutenants, et l'on pouvait prévoir que la continuation de la guerre porterait à sa puissance des atteintes irréparables.

En 1842, c'est surtout dans la province d'Oran que les événements militaires eurent encore de l'intérêt, en raison de la lutte qui continuait avec le pouvoir expirant d'Abd-el-Kader. Une campagne de trois semaines suffit au général Bugeaud pour s'emparer du fort de Sebdou et de toutes les parties comprises entre l'Habra et la frontière du Maroc. Bien que l'Émir disposât encore de 5 à 6,000 cavaliers, il reconnut que la lutte devenait impossible, et il se retira au delà de Tagdempt, où il avait laissé sa famille sous la garde de ce qui lui restait d'infanterie régulière.

Les opérations militaires prirent encore une plus grande importance en 1843, pour l'œuvre de la pacification générale de l'Algérie. Le 14 mai, par une marche rapide et hardie, le duc d'Aumale s'empara de la smala d'Abd-el-Kader, aux environs de Taguinn, au sud de Boghar. Là, 500 chasseurs d'Afrique et spahis se précipitèrent sur un immense campement comprenant plus de 5,000 tentes défendues par un corps de troupes régulières de plus de 4,000 fusils. Nos intrépides cavaliers tuèrent 300 hommes à l'ennemi, prirent 4 drapeaux, 2 canons et un butin considérable. Un si éclatant succès porta le coup le plus funeste à la fortune de l'Emir, qui, en plusieurs rencontres, fut sur le point de tomber entre les mains des troupes qui le poursuivaient dans la province d'Oran, sous les ordres du général Lamoricière.

Pendant le mois de juin suivant, une vaste opération, conduite avec une résolution et un admirable ensemble par le général

Bugeaud dans l'Ouarensenis, à travers les difficultés que lui opposaient le terrain et le caractère des habitants, soumet tout ce pays à l'obéissance et permet de l'organiser sous un chef nommé par l'administration française. Enfin, le 11 novembre, les troupes de l'Emir, commandées par Sidi-M'barek, le plus puissant de ses lieutenants, éprouvent une défaite complète; ce khalifa y trouve la mort avec 400 de ses réguliers, et ce dernier coup affaiblit encore l'influence d'Abd-el-Kader, qui, dès lors, est réduit à errer avec les débris de sa smala sur la frontière du Maroc et dans le désert.

Cette campagne de 1843, dirigée avec autant d'habileté que de persévérance par le général Bugeaud, donna d'immenses résultats. Les grands intérêts de la colonisation y gagnèrent sécurité et protection; l'agriculture, le commerce, l'industrie, prirent un essor rapide dans les principaux centres, dont l'ensemble des populations s'éleva à plus de 65,000 habitants, alors qu'il n'était que de 44,000 à la fin de 1842.

Le général Bugeaud en fut récompensé par la dignité de maréchal de France, à laquelle il avait été élevé le 31 juillet 1843, à la suite des savantes opérations qui avaient amené la soumission de l'Ouarensenis.

Pour mener à bien cette rude campagne, l'effectif de l'armée avait été porté à 83,000 hommes, et les crédits de toute nature nécessités par cet accroissement de forces dépassèrent 80 millions ; mais nos arsenaux et nos magasins étaient pourvus de tout ce qui serait nécessaire pour la campagne de 1844, laquelle devait être décisive pour nos armes. L'effectif de notre armée s'éleva à 85,000 hommes, y compris 9,475 soldats et cavaliers indigènes ; toutefois, les crédits ouverts au budget de la guerre furent réduits de plusieurs millions, parce que tous les approvisionnements accumulés dans la province d'Oran pour poursuivre à outrance la guerre d'extermination qui devait anéantir la puissance d'Abd-el-Kader furent affectés au corps d'armée qui, au besoin, aurait à opérer sur les frontières du Maroc.

Cette situation n'empêcha pas le gouverneur général de prendre des dispositions pour en finir dans l'extrême sud avec les lieutenants de l'Emir. Il prescrivit au duc d'Aumale d'expulser Mohammed-Sghrir des montagnes situées entre le Zâb et le Tell, depuis Bouçada et M'sila jusqu'à Tébessa ; et le général Marey-Monge reçut l'ordre d'obtenir la soumission du marabout Tedjini, d'Aïn-Madi. De son côté, le maréchal Bugeaud passait l'Isser, s'emparait de Dellys, et amenait les kabyles du Djurdjura à faire leur soumission.

Mais des événements plus importants se préparaient dans la province d'Oran. Vers la fin de 1843, après les défaites successives qu'il avait éprouvées, Abd-el-Kader s'était réfugié dans le Maroc, et l'empereur Muley-abd-er-Rahman ne répondait qu'évasivement ou par des dénégations aux observations par lesquelles le consul général de France à Tanger insistait pour faire assurer, de ce côté, l'inviolabilité du territoire algérien. Malgré la modération que notre consul général n'avait cessé de montrer dans ses paroles et dans ses actes, les troupes marocaines vinrent provoquer, à deux lieues en deçà de nos frontières, le général Lamoricière, qui fit payer cher à ces troupes indisciplinées la violation de notre territoire.

Lorsque cette agression fut connue du maréchal Bugeaud, il comprit qu'il ne devait plus se bercer de l'espoir de conserver la paix, et il se dirigea aussitôt vers la province d'Oran, où il prit les mesures pour pousser avec vigueur les opérations militaires jusqu'au cœur du Maroc, pendant que notre marine attaquerait les ports de cet empire. Une escadre, commandée par le prince de Joinville, bombarda Tanger le 6 août 1844, et le 14 du même mois eut lieu la bataille d'Isly. Par une marche non moins hardie que savante, le maréchal Bugeaud, avec 8,500 fantassins, 900 chasseurs d'Afrique et spahis, et quelques batteries d'artillerie, dispersa une innombrable armée de cavaliers dont les camps couvraient plus d'une lieue d'étendue. Pendant cette mémorable bataille, nos soldats s'emparèrent de 11 pièces de canon, de

16 drapeaux, d'environ 1,200 tentes, y compris celle du fils de l'empereur et de son parasol de commandement.

Le même jour, le prince de Joinville faisait tomber Mogador sous le feu de nos vaisseaux, et achevait de contraindre Abd-er-Rahman à accepter la paix, dont les conditions ont été réglées par une convention signée le 10 septembre 1844, et ratifiée le 18 mars 1845, dans le palais du gouverneur de Tanger.

Après cette glorieuse bataille, le maréchal Bugeaud avait adressé au ministre de la guerre un rapport où se trouvait ce passage : « La victoire d'Isly est, dans l'opinion de toute l'armée, la consécration de notre conquête de l'Algérie. »

Cette phrase était juste, et venait surtout fort à propos, car depuis quatorze ans notre conquête était l'objet de bien des attaques ; elle avait eu à combattre bien des ennemis, non seulement sur la terre algérienne et sur le continent, mais dans le sein même de la France, où elle rencontrait aussi des adversaires. La bataille d'Isly, le bombardement de Tanger, et l'occupation de l'île de Mogador, furent donc de véritables succès remportés, non pas seulement sur l'infatigable résistance d'Abd-el-Kader et sur le fanatisme aveugle de l'autocrate marocain, mais encore sur des convictions qui, jusqu'alors, n'avaient pu être ébranlées par les progrès toujours croissants de nos armes, ni par la conquête chaque jour plus appréciable que nos courageux colons faisaient sur le sol africain à la suite de nos braves soldats.

Le maréchal Bugeaud fut créé duc d'Isly le 18 septembre 1844 ; mais cette faveur, si bien justifiée par ses éclatants services, ne put l'empêcher d'exprimer hautement son mécontentement au sujet des clauses de l'instrument de paix dictées par un ministre impopulaire qui, pour être agréable à l'Angleterre, préféra prononcer cette phrase : « La France est assez riche pour payer sa gloire ! » plutôt que d'exiger de l'empereur vaincu une forte indemnité de guerre, une délimitation mieux entendue de notre frontière de l'Ouest, et un avantageux traité de commerce.

Néanmoins, le maréchal Bugeaud avait vu juste : la conquête

_de l'Algérie par les armes était achevée, et les grandes expéditions terminées, car la chute d'Abd-el-Kader n'était plus douteuse, et nous ne devions plus avoir à lutter que contre les incitations *in extremis* de notre infatigable ennemi, ou les soulèvements qu'allaient encore provoquer des marabouts fanatiques et des chérifs ambitieux.

Ainsi, en 1845, l'insurrection du Dahra, un moment comprimée, se réveilla à la voix d'un chérif jusqu'alors inconnu dans le pays; il se présenta comme étant envoyé par Dieu au milieu des vrais croyants pour combattre à leur tête les infidèles et les refouler vers la mer, où ils seraient tous noyés. Cet homme qu'on sut depuis être de la plus infime origine, avait avec lui une chèvre qui, disait-il, devait donner du lait en abondance suffisante pour nourrir tous ceux qui combattraient avec lui pour la défense de la foi. Les Arabes le surnommèrent *Bou-Mâza* « l'homme à la chèvre ». Etranger au pays qu'il allait soulever, cet illuminé se présentait comme venant du Moghreb, de l'Ouest (le Maroc), cette terre classique des musulmans d'un fanatisme grossier, se rattachant par l'origine à la famille du prophète Mohammed. Il se vit aussitôt entouré d'un grand nombre de partisans, que vinrent grossir des hommes sans aveu, toujours prêts pour le vol et le pillage. Ils pullulaient alors au milieu des tribus algériennes. Il obtint d'abord quelques succès en se jetant à l'improviste sur des tribus sans défense soumises à notre domination, et sur nos postes avancés qu'il savait trop faibles pour résister au choc de quelques milliers de cavaliers.

Aveuglé par ces premiers et faciles succès, Bou-Mâza marcha sur Orléansville; mais il n'avait pas compté sur la vigilance du colonel Saint-Arnaud qui, averti à temps, se porta à sa rencontre avec 80 chasseurs d'Afrique, 60 spahis, un goum de 150 indigènes, deux pièces de montagne, et le mit en fuite après lui avoir tué ou fait prisonniers plusieurs centaines de cavaliers. Le colonel obtint de ces derniers des renseignements qui lui permirent de prendre des dispositions pour combattre efficacement ce hardi chérif, dispositions dont il rendit compte au maréchal Bugeaud en lui demandant, soit de les approuver, soit de lui en donner d'autres. Le maréchal, qui avait pu depuis longtemps apprécier la haute intelligence et l'incontestable bravoure du futur vainqueur de l'Alma, approuva les mesures qu'il avait prises, et l'autorisa à agir avec vigueur pour en finir avec cet aventurier, d'autant plus dangereux, qu'il n'avait ni famille, ni lien dans ce pays qu'il abandonnerait après l'avoir pillé et ruiné, s'il ne réussissait pas dans son entreprise.

D'autres chefs tentèrent aussi de soulever de nouveau les Arabes de l'Aurès et de la subdivision de Médéa ; plusieurs marabouts poussèrent également à la révolte les montagnards Kabyles des environs de Ténez, à l'ouest d'Alger, et de Dellys, à l'est ; quelques-uns des derniers khalifas de l'Emir se livrèrent encore à des actes de brigandages aux environs de Mostaganem, et dans les ksours de Stitten, dans le sud Orannais ; enfin, Abd-el-Kader lui-même, sortant de sa retraite avec quelques milliers de cavaliers appartenant à des tribus indépendantes du Maroc, qu'il avait fanatisés par ses prédications, franchit la frontière, et, le 22 septembre 1842, attira par la trahison d'un caïd le colonel Montagnac vers la koubba de Sidi-Brahim, où il le fit entourer et massacrer, ainsi qu'une partie des hussards et des chasseurs à pied, au nombre de 420 hommes, sortis avec lui de Djemâ-Ghazaouët ; puis, il emmena prisonniers ceux de nos soldats qui avaient survécu à cette horrible boucherie. Plus tard, son khalifa Ben-Tamy, manquant de vivres pour les nourir, les condamna à mort et les fit exécuter sous ses yeux. Cet acte de froide sauvagerie souleva en France un tel cri d'indignation, qu'on excusa le colonel Pélissier d'avoir étouffé dans les grottes du Dahra la tribu des Ouled-Riah. Abd-el-Kader était alors traqué par nos colonnes, et il n'a pas été établi qu'il ait ordonné cet odieux massacre. Ben-Tamy était son beau-frère ; il ne l'a pas désavoué, et il a pris ainsi la responsabilité de son crime.

Mais le gouverneur général et ses jeunes lieutenants s'étaient immédiatement portés sur tous les points menacés, où ils réprimèrent les soulèvements avec une telle promptitude, que toutes les tribus révoltées demandèrent l'aman et firent remise de leurs armes.

Ainsi finit cette révolte qu'Abd-el-Kader avait espéré pouvoir généraliser en poussant une pointe audacieuse jusque sur les pentes méridionales du Djurdjura. La rapidité des mouvements de notre armée protégea tous les points menacés ; les tribus qui avaient été surprises et entraînées par l'émir furent ramenées à la soumission, et nous prouvâmes une fois de plus aux indigènes que si l'ardeur et le courage de nos soldats avaient suffi à la conquête du pays, le dévouement et la persévérance ne leur manqueraient pas pour le maintenir dans l'obéissance.

Il importe d'ajouter que pour obtenir ces heureux résultats, le gouvernement n'avait pas reculé devant les sacrifices que devaient nécessiter les opérations militaires ; ainsi, vers la fin de 1844, et pendant la campagne de 1845, l'effectif de l'armée fut maintenu à 106,286 hommes, dont 8,587 indigènes, et les crédits élevés à 90,248,629 francs. En 1846, les dépenses et l'effectif ne subirent qu'une faible diminution ; mais, en 1847, l'effectif fut réduit à 94,357 hommes, dont 7,653 indigènes, et les dépenses ramenées à moins de 84 millions pour l'armée d'Afrique.

C'est avec ces ressources, considérables, il est vrai, que le maréchal Bugeaud avait été mis à même d'en finir avec Abd-el-Kader, Bou-Mâza, et les chérifs ou les marabouts qui, d'accord avec l'émir ou agissant individuellement, tenaient nos soldats en mouvements depuis près de dix années.

La campagne de 1847 devait être décisive : elle commença par la capture de Bou-Mâza. Ce chérif qui, après avoir été blessé au bras et mis en déroute, s'était réfugié auprès d'Abd-el-Kader, reparut dans le Dahra où il voulut tenter un dernier effort pour soulever de nouveau les tribus contre nous ; mais poursuivi sans relâche par les troupes de la subdivision d'Orléansville et abandonné par ses partisans, il se rendit le 13 avril au colonel Saint-Arnaud. D'après les ordres du Gouvernement,

Bou-Màza fut embarqué pour la France, où il resta interné d'abord, puis dirigé sur la Syrie, où il mourut quelques années plus tard.

L'expédition que le gouverneur général fit le mois suivant dans la grande Kabylie amena la soumission de Ben-Salem, de Bel-Kassem, et des principaux lieutenants d'Abd-el-Kader. De son côté, l'Emir était dans la position la plus précaire. Le maréchal Bugeaud avait laissé à la prodigieuse activité du général Lamoricière le soin de poursuivre à outrance notre infatigable ennemi, lui prescrivant de ne rentrer à Oran qu'après l'avoir fait prisonnier ou réduit à l'impuissance.

Après la bataille d'Isly, le maréchal Bugeaud avait considéré la chute d'Abd-el-Kader comme imminente ; aussi se disposait-il à porter ses vues et tous ses efforts vers le développement de la colonisation. Déjà, depuis qu'il était gouverneur général de l'Algérie, 42 villages créés par ses soins étaient habités par des colons européens ; 12 autres venaient d'être achevés et recevaient un commencement de peuplement ; d'autres encore étaient en projets dans les trois provinces, et les études dont ils étaient l'objet se trouvaient fort avancées. Il avait ensuite l'intention de créer des colonies militaires, comme celle de Béni-Méred, où nos soldats congédiés recevraient des concessions gratuites, se marieraient, et formeraient des colons acclimatés et capables de défendre leurs familles et leurs propriétés, dans le cas où des événements politiques obligeraient le Gouvernement à réduire l'effectif de l'armée d'Afrique.

La pensée dominante, pratique, du maréchal Bugeaud, était de réduire considérablement le budget de l'armée d'Afrique et d'augmenter dans les mêmes proportions le budget de la colonisation ; il avait même déjà formé un escadron de gendarmes maures duquel il détachait des escouades qui allaient renforcer les brigades de gendarmerie et leur permettre de faire la police des tribus environnant les centres agricoles, dont la tranquillité était ainsi assurée sans le secours de l'armée ; il avait également fait tracer des grandes voies de communication, dont quelques-unes étaient terminées et praticables ; malgré l'effectif trop restreint du personnel forestier mis à sa disposition, il avait aussi fait commencer l'exploitation d'une partie de ces forêts, qui ne comprennent pas moins de 1 million 800,000 hectares ; enfin, il avait examiné avec un intérêt tout particulier les projets qui lui avaient été soumis pour l'exploitation des mines, dont plusieurs avaient été reconnues fort importantes et recélant des richesses d'une valeur considérable. Pour plusieurs, il n'y avait qu'à reprendre les travaux interrompus depuis la fin de la domination romaine.

Mais tous ces projets pour la mise en valeur des richesses naturelles de la colonie et pour son rapide peuplement, ne furent pas acceptés par le ministère ; ils rencontrèrent une vive opposition, surtout de la part du ministre de la guerre qui, notamment, repoussa sans donner d'autre raison que la question d'économie, l'organisation projetée des brigades mixtes de gendarmerie ; il ordonna même la suppression de celles qui existaient déjà, malgré les services qu'elles avaient rendus et ceux qu'elles étaient appelé à rendre dans l'avenir en diminuant précisément les charges qu'imposait l'effectif élevé des troupes régulières de l'armée d'Afrique.

Le maréchal Bugeaud vint en France, croyant pouvoir en finir avec cette opposition plus ou moins ouverte, dont son éloignement de Paris et ses occupations multiples ne lui avaient pas, jusqu'alors, permis de se rendre compte ; mais dès son arrivée à Paris, le vainqueur d'Isly comprit bien vite que ce mauvais vouloir avait sa source non seulement chez le ministre de la guerre, mais aussi chez le président du conseil même, chez ce ministre doctrinaire et impopulaire qui, par le traité de paix du Maroc, avait déjà sacrifié les intérêts algériens à l'Angleterre, et qui, par l'entêtement coupable qu'il mettait à refuser les réformes réclamées par la majorité de la nation, préparait la chute de la dynastie des d'Orléans.

Voyant qu'il ne pouvait pas lutter contre l'influence fatale de cet homme d'Etat, le maréchal Bugeaud donna sa démission de gouverneur général, et conseilla au roi de désigner le duc d'Aumale pour lui succéder, espérant que ce prince intelligent et brave, plus en position de tenir tête aux tracasseries suscitées par le ministère, achèverait son œuvre et contribuerait ainsi à la prospérité de l'Algérie. Le maréchal avait foi dans l'avenir de nos possessions, qui jouissaient enfin d'une tranquillité si chèrement achetée par le sang de nos braves soldats. La confiance s'était raffermie ; tous les éléments de la richesse publique : population, capitaux, travail, se trouvaient réunis et tendaient à se développer rapidement ; jamais les transactions sur les terrains n'avaient reçu un pareil élan, et à Alger même les constructions prirent un tel essor, qu'en moins d'une année le faubourg Bab-Azoun vit sa population augmentée de quatre mille habitants. La colonisation, rendue à la sécurité, allait désormais féconder les travaux de la guerre ; il n'était plus douteux que la France serait dédommagée de ses persévérants sacrifices, et qu'elle retirerait les fruits qu'elle avait droit d'attendre de sa conquête.

C'est dans ces conditions favorables que, le 11 septembre 1847, le duc d'Aumale succéda au maréchal Bugeaud comme gouverneur général de l'Algérie.

Dès son arrivée à Alger, le duc d'Aumale put se rendre compte que depuis la frontière du Maroc jusqu'à celle de Tunis, et depuis la Méditerranée jusqu'à l'extrême limite du désert, l'autorité française était reconnue par tous les indigènes. Toutefois, la présence d'Abd-el-Kader sur le territoire marocain, où il reprenait une certaine influence sur les tribus indépendantes de ces contrées, pouvait encore jeter le trouble dans la subdivision de Tlemcen, et rendre une nouvelle lutte imminente. Mais au lieu de tourner ses vues vers la province d'Oran, Abd-el-Kader voulut saper l'autorité de l'empereur du Maroc, sans doute avec l'arrière-pensée de le déposer et de lui succéder. Abd-er-Rahman, mis au courant des intrigues de ce dangereux personnage, chargea son fils, Muley-Ahmed, de le poursuivre à outrance et de l'exterminer. Malgré l'ascendant qu'il avait su conquérir sur les populations de la frontière du Maroc, Abd-el-Kader ne put résister aux attaques dirigées contre lui par Muley-Ahmed ; il dut se sauver avec sa deïra jusqu'à l'Oued-Kiss, et repasser la frontière algérienne. Là, il fit un appel suprême au courage de ses meilleurs cavaliers et de ses fantassins réguliers, qui après une courte hésitation se décidèrent à se séparer de lui et à demander asile à l'empereur du Maroc.

Depuis dix ans, Abd-el-Kader avait obligé la France à maintenir en Algérie une armée de cent mille hommes, et à dépenser un milliard pour son entretien ; mais le moment était arrivé où il ne pouvait plus échapper aux poursuites de nos soldats, et, le 22 décembre 1847, il demanda à parlementer. Après une journée passée en échange de communications avec le général Lamoricière, il se rendit avec sa deïra, et fut reçu avec les honneurs militaires à la koubba de Sidi-Brahim, théâtre de la trahison et de la lutte sanglante de 1845, et conduit au duc d'Aumale qui venait de débarquer à Djemâ-Ghazaouët. Introduit auprès du prince, Abd-el-Kader déposa humblement ses sandales à l'entrée de l'appartement, garda un instant le silence, et dit en s'exprimant en arabe : « J'aurais voulu faire plus tôt ce que je fais aujourd'hui ; mais « j'ai attendu l'heure marquée par Dieu. Je demande l'aman au « sultan des Français pour ma famille et pour moi. » Dans la soirée du 24 décembre, il s'embarqua pour Oran avec le gouverneur général, et de là il fut dirigé sur Toulon avec ses femmes, ses enfants et quelques serviteurs. Interné d'abord au fort Lamalgue, près de Toulon, puis au château de Pau, et enfin au château d'Amboise, la liberté lui fut rendue le 16 octobre 1852. Il se retira à Brousse ; mais le climat n'étant pas favorable à sa santé, il obtint, avec l'assentiment de la Porte ottomane, la résidence de Damas, en Syrie, où il est encore aujourd'hui, vivant du subside de cent mille francs que le Gouvernement français lui accorde annuellement.

Cet événement considérable avait jeté la consternation parmi ses co-religionnaires, et toutes les tribus, fatiguées de l'anarchie autant que des combats, se décidèrent à placer leurs intérêts sous la sauvegarde de notre domination. Il importait dès lors de leur appliquer le mode d'administration qui avait si bien réussi dans l'est, depuis la prise de Constantine.

Le duc d'Aumale s'occupait de propager cette organisation lorsque, le 24 février 1848, une dépêche lui apprit que la république venait d'être proclamée en France pour la deuxième fois.

A la réception de cette nouvelle, le duc d'Aumale adressa sa démission au gouvernement provisoire, et il fut remplacé comme gouverneur général par le général Cavaignac, qui avait fait toute sa carrière militaire en Algérie.

Le nouveau gouverneur général appartenait donc à cette phalange de jeunes et brillants officiers qui s'étaient formés à l'école du maréchal Bugeaud, et dont quelques-uns devaient être aussi, plus tard, élevés à la dignité de maréchal de France : tels Saint-Arnaud, Pélissier, Bosquet, Baraguey-d'Hilliers, Canrobert, Mac-Mahon, Forey ; d'autres sont devenus ministres de la guerre, sénateurs, ambassadeurs, grands chanceliers de la Légion d'honneur, comme Lamoricière, Le Flô, Changarnier, de Cissey, du Barail, de Ladmirault, Chanzy, Vinoy, Faidherbe. Le général Faidherbe a aussi été pendant dix ans gouverneur du Sénégal, où il a laissé un nom légendaire, et ses successeurs ne pourraient abandonner le plan qu'il a tracé pour le développement de cette colonie, sans y compromettre les intérêts français. Enfin, beaucoup de ces vaillants soldats figurent encore parmi nos généraux de division les plus distingués.

Mais le général Cavaignac ne devait pas rester longtemps gouverneur général de l'Algérie. Le 17 mai suivant, il fut nommé ministre de la guerre, puis président du conseil des ministres, et enfin chef du pouvoir exécutif après avoir vaincu la formidable insurrection de juin 1848. C'est alors que, par un vote unanime, l'Assemblée nationale déclara que « le général Cavaignac avait « bien mérité de la Patrie. » Le 10 février 1852, il fut mis arbitrairement à la retraite, et il mourut le 28 octobre 1857, à l'âge de 55 ans.

A partir de 1848, les gouverneurs généraux se succédèrent

souvent en Algérie, et sauf le maréchal de Mac-Mahon et le général Chanzy, aucun d'eux, pas même le maréchal Randon ni l'amiral de Gueydon, non plus que les gouverneurs généraux civils, ne marquèrent leur passage en Algérie par des actes ayant un cachet de grandeur ou de véritable utilité publique. La période de guerre était passée et tout ferment de discorde avait disparu avec la prise d'Abd-el-Kader et de Bou-Mâza. Les budgets de la guerre purent donc être réduits, en même temps que l'armée, dans des proportions considérables; mais, d'un autre côté, les crédits alloués pour l'administration civile et la colonisation reçurent un accroissement en rapport avec le développement qu'allaient prendre les travaux de la paix.

Peu de temps après la conquête, le 1er décembre 1831, tout ce qui concernait l'administration civile et la colonisation avait été placé dans les attributions d'un intendant civil, lequel n'agissait, d'ailleurs, que sous les ordres du gouverneur général. Une ordonnance du 31 octobre 1838 substitua à cet intendant civil un directeur de l'intérieur ayant une grande partie des attributions préfectorales. Deux sous-directeurs de l'intérieur, nommés à Oran et à Bône, lui furent donnés comme collaborateurs, ainsi que plusieurs commissaires civils. Par une ordonnance en date du 15 avril 1845, la division de l'Algérie en trois provinces fut définitivement arrêtée, et le territoire de ces provinces fut subdivisé ainsi : zone civile, régie par le droit commun, sauf les restrictions applicables aux indigènes; zone mixte, où la population européenne était soumise à un régime exceptionnel, et où toutes les fonctions administratives et judiciaires étaient remplies par les autorités militaires; enfin, en zone arabe, qui était administrée militairement.

Le gouverneur général tenait réuni dans ses mains le commandement général et la haute administration du pays. Deux conseils furent institués auprès de lui : le Conseil supérieur d'administration, chargé de l'assister dans l'examen des affaires administratives; et le conseil du contentieux, auquel furent dévolues avec une certaine extension les attributions des conseils de préfecture. Au-dessous du gouverneur général, se trouvait un directeur général des affaires civiles chargé de correspondre en son nom avec les divers chefs de services civils : intérieur, justice, finances, travaux publics, affaires arabes. Quant aux populations indigènes, quels que fussent les territoires occupés par elles, sauf dans la zone civile, elles restaient soumises à l'autorité militaire.

Cette organisation fut maintenue jusqu'au 9 décembre 1848, époque où un arrêté du chef du pouvoir exécutif, tout en maintenant l'ancienne division en trois provinces, supprima les trois zones civile, mixte et arabe, et créa trois départements divisés en deux territoires : le territoire civil, administré par le préfet avec le concours de sous-préfets et des commissaires civils conservés, et le territoire militaire dépendant exclusivement de l'autorité militaire. La direction générale des affaires civiles fut supprimée et remplacée par un secrétariat général du Gouvernement. Mais le principe de la centralisation fut maintenu dans les mains du ministre de la guerre, qui empruntait à ses collègues des autres départements ministériels les fonctionnaires et agents spéciaux à chaque service. Toutefois, l'évêque d'Alger, le président du consistoire, le grand rabbin, le recteur de l'Académie, et les trésoriers-payeurs furent autorisés à correspondre directement avec les ministres auxquels ressortissaient ces différents services. Enfin, la vie municipale prit naissance, à la même époque, dans les principaux centres de nos possessions algériennes érigés en communes.

Depuis cette époque, et sauf quelques modifications peu importantes, l'administration de l'Algérie a toujours suivi un développement en rapport avec l'accroissement de la population coloniale, avec tendance de se rapprocher de l'organisation en vigueur dans la métropole. On peut malheureusement remarquer qu'on s'est toujours plus préoccupé de copier la lettre, les dénominations, les errements de l'administration continentale, que de s'inspirer de l'esprit de nos institutions libérales et démocratiques.

Jusqu'en 1848, le Gouvernement s'était trouvé dans la nécessité de laisser la direction des affaires de l'Algérie aux gouverneurs généraux ; mais à partir de cette époque, ces hauts fonctionnaires durent se renfermer dans les instructions émanant du ministère de la guerre, auprès duquel avait été créé un comité consultatif pour s'éclairer et donner son avis sur toutes les affaires : administration, colonisation, concessions, commerce, industrie, navigation, instruction publique, et principalement sur la formation du budget, où pas une dépense ne pouvait être inscrite sans avoir été discutée et approuvée par ce comité, dans lequel figuraient des hommes d'une haute valeur, des économistes distingués et des écrivains hors ligne, tels que Michel Chevalier, Langlais, Le Play conseillers d'Etat ; Pinard, directeur du comptoir d'escompte ; Gervais de Caen, directeur de l'Ecole supérieure du commerce ; Emile de Girardin ; tous hommes de progrès et complètement dégagés de ces errements du passé dont la colonisation algérienne est malheureusement encore aujourd'hui la victime.

C'est aussi sur l'avis de ce comité, transformé plus tard en commission consultative, que furent successivement promulgués en Algérie les lois ou décrets portant création de chambres consultatives d'agriculture ; de la banque de l'Algérie ; d'une Bourse de commerce ; du Crédit Foncier ; de la liberté de la boucherie et de la boulangerie ; de la mise à la disposition du public des lignes télégraphiques ; de la création des chemins de fer ; de la loi sur les expropriations, en vue de soustraire les propriétaires aux arrêtés rigoureux, souvent rendus sans enquêtes et même sans indemnités préalables ; enfin, de la création d'un mont-de-piété, de cette banque des pauvres, avec des succursales dans les principaux centres, pour venir en aide aux familles nécessiteuses et faire cesser les abus de tous genres en même temps que les exactions scandaleuses dont le prêt sur gages était la source dans ce pays.

La tranquillité était alors générale d'une extrémité à l'autre de nos possessions algériennes. La protestation contre la conquête

avait pris fin, et les troubles qui éclataient dans des localités iso-
lées, dans les trois provinces, n'avaient plus un caractère de gra-
vité qui pût mettre notre domination en péril. Aux fatigues glo-
rieuses de la guerre allaient succéder les travaux de la paix,
préparant à l'Algérie l'heureux avenir que notre civilisation lui
promettait. Mais la création d'un ministère de l'Algérie et des colonies, dont l'existence fut, d'ailleurs, de courte durée (du 24 juin
1858 au 24 novembre 1860), et dont la direction fut confiée à un
prince autoritaire et capricieux, jeta d'abord la perturbation dans
tous les services administratifs, et donna un caractère de vivacité
regrettable à l'antagonisme entre le pouvoir civil et le pouvoir
militaire. Le mouvement progressif fut suspendu. Pour mettre fin
aux conflits qui paralysaient la marche des affaires, on eut recours
à une déplorable combinaison qui confia de nouveau la haute
direction de l'administration algérienne aux gouverneurs généraux,
ne laissant auprès du Gouvernement central qu'un simple bureau
sans initiative pour servir d'intermédiaire entre les différents mi-
nistères et le Gouvernement algérien.

Pendant qu'il était gouverneur de l'Algérie, le maréchal Randon
s'était plaint vivement des inconvénients que présentait la centralisation à Paris. Par un jeu singulier des circonstances, il assista,
en qualité de Ministre de la guerre, à ce revirement qui donnait
au gouverneur général, le maréchal Pelissier, une autorité presque
indépendante. Les allures absolues et cassantes du nouveau gouverneur général ne tardèrent pas à faire sentir au Gouvernement
central les inconvénients de ce système. Sa conséquence la plus
fâcheuse ne fut pas pourtant d'annihiler le pouvoir de haute direction et de contrôle du Ministre de la guerre ; il eut pour effet
de désintéresser l'opinion publique en France des choses algériennes ; les chambres, la presse, les assemblées publiques ne
s'occupèrent plus avec le même intérêt, avec la même sympathie
de notre belle colonie, on ne sut plus à qui s'adresser pour poursuivre le redressement des abus et réclamer les réformes les plus
urgentes.

Après la guerre de 1870, toutes ces fautes, ainsi que le décret accordant la qualité de Français aux israélites de l'Algérie, produisirent le plus déplorable effet sur la population arabe, et préparèrent la grande insurrection de 1871, dont la répression nous coûta tant d'efforts et entraîna des mesures de rigueur nécessaires, mais qui ont laissé des traces profondes dans l'esprit des montagnards du Djurdjura.

Au moment où la guerre éclata entre la France et l'Allemagne, les populations indigènes de l'Algérie vivaient dans un calme absolu. Il y avait parmi elles, dans les tribus arabes aussi bien que chez les kabyles, un parti français qui nous secondait ouvertement dans toutes nos entreprises pour assurer la prospérité du pays. Le départ de nos régiments fit peu d'impression sur elles; habituées à nos succès, elles ne doutaient pas du triomphe de nos armes. Nos premiers revers leur causèrent un certain émoi, sans cependant détruire leur confiance. Toutefois, les mouvements tumultueux dans les rues d'Alger; les émeutiers qui, les armes à la main, insultaient le nouveau gouverneur général nommé par la délégation de Tours, le chassaient de son palais, l'embarquaient de force et s'emparaient du pouvoir; l'envoi en France dès derniers bataillons d'infanterie de ligne, et leur remplacement par des mobilisés dépourvus d'instruction militaire, de cohésion et de discipline; tous ces faits donnèrent aux indigènes une fâcheuse idée de notre situation. Les lettres des tirailleurs algériens blessés ou prisonniers, leurs récits exagérés des ressources de la Prusse diminuèrent notre prestige; enfin, l'armement des milices, l'incorporation dans leurs rangs des étrangers et des israélites, furent considérés comme des preuves irrécusables de notre affaiblissement.

D'un autre côté, lorsque les indigènes apprirent que le sultan des Français était prisonnier des Allemands, auxquels il avait rendu son épée, ils rapprochèrent cette faiblesse d'un souverain qu'ils croyaient tout puissant de la conduite si énergique de Théodoros, ce Négus d'Abyssinie qui préféra se briser le crâne avec un mauvais pistolet, plutôt que de se rendre aux Anglais. En effet, quand lord Napier pénétra dans Magdala, le 13 avril 1868, il y trouva 2,000 Abyssins tués, et Théodoros suicidé.

Ensuite, lorsque la nouvelle de la proclamation de la République fut connue des indigènes, ils ne comprirent plus du tout. Pour ces natures primitives et incultes, le sultan français était la représentation du principe d'autorité ; inconscientes du jeu de nos institutions, elles ne pouvaient admettre que le trône sombrât sans emporter avec lui les bases de l'ordre social. Le choix des nouvelles autorités, dont le prestige n'était relevé ni par le rang, ni par les services passés, ni par la tenue, ni même par le costume, et les diatribes des réunions publiques discréditèrent à leurs yeux le nouveau régime qui leur semblait reposer sur la violence et non sur la force.

Les kabyles regagnèrent leurs montagnes, les arabes se répandirent dans les plaines, et les tribus, inquiètes, s'attendirent aux éventualités les plus graves. Bientôt on apprit que le vieux cheikh Haddad, chef des khouans (frères) de Sy-Abderrahman, s'était réconcilié avec Ben-Ali-Chérif, autre marabout important de la grande Kabylie, et qu'ils appelaient les musulmans à la guerre sainte. L'association des khouans de Sy-Abderrahman (l'homme aux deux tombeaux) avait fait de nombreux prosélytes parmi les kabyles du Djurdjura depuis la chute d'Abd-el-Kader.

Mokrani, le puissant bach-agha de la Medjana, qui commandait les tribus situées entre le poste de Bordj-bou-Arréridj et les Portes-de-Fer (chaîne de l'Ouannouga), rompit ouvertement avec les autorités françaises, nous déclara la guerre, et se mit à la tête des insurgés. En politique consommé, il s'adressa du même coup à l'orgueil et au fanatisme de ses co-religionnaires, surtout aux chefs des grandes tentes, leur rappelant les injures dont la presse algérienne les couvrait chaque jour. Il écrivit au consul général d'Angleterre à Alger pour invoquer la protection de la reine de la Grande-Bretagne, parce que, disait-il dans sa lettre, la France n'était plus ni capable, ni digne de commander à des hommes de cœur.

La révolte s'étendit comme une traînée de poudre.

Telles sont les causes principales qui ont amené cette formidable insurrection, qui nous a rappelé les plus mauvais jours de l'Algérie, au temps d'Abd-el-Kader et de Bou-Mâza. Commencée le 22 janvier 1871, alors que l'armée d'Afrique n'était plus composée en grande majorité que de mobilisés mal aguerris et de milices indisciplinées, elle ne fut domptée qu'à la fin de décembre de la même année, laissant après elle un des plus sanglants souvenirs de nos annales algériennes, et une agitation telle, que pendant plusieurs années l'effectif de l'armée fut porté et maintenu à plus de 80,000 hommes, tandis que pour ces mêmes années, les budgets de l'armée d'Afrique s'élevèrent à plus de 86 millions, et dépassèrent 100 millions pour l'ensemble des services : armée, marine et administration civile.

A partir de 1872, ces dépenses diminuèrent dans une assez notable proportion ; mais de 1872 à 1882, les budgets administratifs atteignirent une moyenne de 30 millions, tant pour les traitements des fonctionnaires de tous ordres, que pour les travaux publics et la colonisation. Désormais, ils dépasseront de beaucoup cette moyenne, si le décret qui rattache les divers services publics de l'Algérie aux départements ministériels compétents de la métropole reçoivent leur application intégrale. La majorité des Algériens a protesté contre ces rattachements ; mais si on procède sans précipitation et en faisant une juste part aux principes de décentralisation pour les affaires locales, la mesure tournera sûrement à l'avantage de la colonie, en l'unissant plus étroitement à la vie politique et à l'action gouvernementale de la métropole.

En raison de ces rattachements, tous les ministres devront désormais s'intéresser à l'amélioration des services qui leur impartissent, et ils voudront les améliorer. Le parlement se familiarisera avec les questions algériennes, il leur accordera plus d'attention et une sympathie plus soutenue. Chaque ministre demandera des augmentations de crédits qui seront certainement accordées, et qui, réunies, formeront un total auquel ne se serait jamais élevé le budget de l'Algérie sur les seules propositions du ministre de l'intérieur.

Le budget de cette année, nous l'avons dit plus haut, dépassera 100 millions, dont près de 58 millions pour l'armée (1). Ces chiffres paraîtront sans doute excessifs; mais pour les raisons que nous venons d'énumérer sommairement, nous estimons qu'ils seront plus élevés dans l'avenir, et qu'ils augmenteront jusqu'au jour où, par la mise en valeur de ses richesses naturelles et par l'activité de sa production, l'Algérie réalisera des recettes qui lui permettront de se suffire, et même de dédommager la métropole des sacrifices qu'elle a faits depuis 1830 pour sa conquête algérienne.

Mais ce que nous demandons, ce que nous sollicitons avec la plus vive instance des sénateurs et des députés de l'Algérie, c'est de ne pas laisser voter leur budget en quelques heures, comme on l'a fait pendant les dernières années. Nous souhaiterions que ces discussions eussent lieu avec solennité; que chaque service, chaque chapitre, chaque article se rattachant aux travaux publics, à la colonisation, en un mot à tout ce qui peut contribuer à la prospérité de la belle colonie qu'ils ont l'honneur de représenter et mission de défendre au sein du Sénat et de la Chambre des Députés, fussent l'objet d'un consciencieux examen et d'une discussion approfondie, solennelle, afin de prouver aux colons et aux indigènes tout l'intérêt qu'on porte, dans la métropole, à l'accroissement et au progrès de la richesse de l'Algérie, ainsi qu'au bien-être des habitants de notre seconde France.

Ainsi, le budget de la guerre pourrait d'abord être réduit considérablement, sans compromettre la sécurité indispensable au développement de la colonisation dans le Tell et même dans les oasis les plus fertiles du Sahara, où nos hardis colons ont déjà pénétré. Il faudrait pour cela reporter les garnisons des spahis et

---

(1) Les crédits demandés pour 1883, par le Ministre de la Guerre, s'élèvent à 58,101,750 francs, pour un effectif de 53,056 hommes, y compris 11,780 soldats indigènes.

des chasseurs d'Afrique dans les places les plus rapprochées de la limite méridionale du Tell. Ces places se trouvent toutes dans les plaines ou dans les pays de culture, ce qui permettrait d'y nourrir la cavalerie avec les produits du sol, et, par conséquent, avec économie, puisqu'il n'y aurait pas à ajouter au prix d'achat des fourrages, de l'orge et du blé, les frais de transport si onéreux en Algérie. Outre cette première et réelle économie, la cavalerie se trouverait en position de se porter promptement, et au premier signal, sur les points menacés, car, ainsi placée sur la lisière du Tell, elle serait toujours en mesure de faire de vives et sérieuses démonstrations contre les fauteurs de désordres. Dans ces pays lointains et encore insoumis, où tous les hommes sont cavaliers, ce sont des cavaliers, beaucoup de cavaliers qu'il faut leur opposer.

On pourrait compléter cette mesure, en formant dans les centres de population les plus avancés vers le sud, des brigades mixtes composées de dix ou douze gendarmes, dont moitié français et moitié indigènes, que commanderaient un maréchal-des-logis français et deux brigadiers, dont un indigène. Ces gendarmes, recrutés avec soin parmi les anciens spahis, comme cela s'était fait sous le maréchal Bugeaud, seraient d'excellents auxiliaires pour la surveillance des tribus placées dans la zone de colonisation, où l'on compte plus d'un million d'indigènes, tandis qu'il y a tout au plus deux cent cinquante mille européens. On peut d'ailleurs se faire une idée des services qu'on peut attendre de ces auxiliaires en se reportant à ceux qu'ils ont rendus lors de leur première formation.

A cette époque, le maréchal Bugeaud avait préparé, d'après les indications du commandant, depuis général Gastu, fort compétent en ces matières, un projet d'organisation de brigades mixtes sur les bases que nous venons d'indiquer. Le recrutement de ces brigades devait se faire parmi les meilleurs sujets des régiments de spahis, et le tarif de leur solde, arrêté par l'intendant général Appert, démontrait que ces élèves gendarmes, ou gendarmes auxiliaires, ne coûteraient pas plus à l'État que s'ils restaient à leur corps, sauf le casernement qui serait à la charge des communes ou du département. Malheureusement, l'antagonisme qui existait alors entre le maréchal Bugeaud et le ministre de la guerre, faisait repousser par ce dernier toutes les meilleures mesures que proposait le gouverneur général. Mais ce projet pourrait être repris et étudié à nouveau, car il doit se trouver au ministère de la guerre, où nous l'avons vu à l'époque où nous avions l'honneur d'appartenir à cette administration si bien organisée et hiérarchisée.

Le budget de l'armée d'Afrique pourrait encore être réduit, par suite de la création d'une armée coloniale composée de six régiments de zouaves, six régiments de tirailleurs algériens, trois bataillons d'infanterie légère d'Afrique, et de la légion étrangère portée à trois régiments, un par province, si leur recrutement le permettait ; quatre régiments de chasseurs d'Afrique, quatre régiments de spahis. le génie, l'artillerie, le train des équipages, et les soldats d'administration ; les territoriaux algériens, avec leurs réserves, compléteraient cette armée coloniale, dont le budget ne dépasserait certainement pas 40 millions, pour un effectif de 40 à 45,000 hommes parfaitement acclimatés et aguerris.

Tous ces corps, dans lesquels on n'admettrait que des hommes âgés d'au moins vingt-cinq ans et disposés à faire leur carrière en Algérie, où ils recevraient une haute paie graduée d'après la durée de leur séjour dans la colonie, y rendraient de grands services et permettraient au ministre de la guerre de disposer, selon les éventualités, de notre armée continentale et de ses réserves.

Rassurés, dès lors, sur la tranquillité de nos possessions, le gouverneur général et l'administration algérienne pourraient donner tous leurs soins à faire vivre en bonne intelligence les divers éléments dont se compose la population et au développement de la colonisation, sans avoir à craindre de nouveaux soulèvements comme celui qu'a provoqué récemment encore Bou-Amema, car la surveillance qu'exerceraient dans le sud les brigades mixtes permettrait aux bureaux politiques établis dans chaque province d'être renseignés journellement sur l'état des tribus, et, au besoin, d'étouffer dans leur germe les révoltes qu'essaieraient d'y préparer des chérifs ambitieux ou des marabouts fanatiques.

Si, enfin, on replaçait les contrées du sud sous l'autorité des chefs arabes, on les rattacherait sans doute à notre cause. On rendrait à ces populations l'assiette de leur existence, qu'elles ont perdue, car il est anormal de vouloir administrer des tribus nomades, qui ne cultivent pas, qui vivent dans des conditions tout à fait exceptionnelles de climat, aux mêmes règles que les populations sédentaires du Tell.

Les Arabes respectent leurs chefs, ils leur sont dévoués, ils les écoutent et les suivent partout. En rendant à ces chefs, à ceux des grandes tentes surtout, la considération à laquelle ils étaient habitués, ils tiendraient à honneur d'exercer leur autorité avec justice et équité. Au lieu de nous les aliéner par des tracasseries qu'on leur fait trop souvent subir en s'ingérant dans des intérêts d'un ordre très secondaire, nous pourrions compter sur leur attachement, et il serait possible de les rendre responsables des crimes et des délits qui se commettraient sur les territoires soumis à leur autorité.

Dans un travail qu'il a publié récemment sur l'Algérie et la Tunisie (1), M. Ferdinand de Lesseps a prouvé qu'une barrière infranchissable ne nous séparait pas des Arabes, et que nous en retirerions de précieux avantages pour la colonisation si nous savions nous les attacher par de bons traitements et de sages mesures, tout en leur montrant une inflexible sévérité chaque fois qu'ils se rendraient coupables d'exactions ou d'actes répréhensibles.

Telle était aussi l'opinion des maréchaux Valée, Bugeaud, Mac-Mahon, des généraux Négrier, Lamoricière, Chanzy, qui, tous, après la période de guerre, ont maintenu la tranquillité en Algérie, en dominant, par une surveillance active et une répression éner-

---

(1) *Nouvelle Revue*, numéro du 1er décembre 1881.

gique, les éléments de troubles que comportait l'ordre social des indigènes. Telle était également l'opinion de Casimir Perier, qui, dans les premières instructions qu'il a envoyées, comme président du conseil des ministres, au général en chef du corps expéditionnaire, après la prise d'Alger, prescrivait de ne pas molester les Arabes et de chercher, au contraire, à nous les attacher par de bons traitements. Mais ce ministre voulait aussi qu'on se montrât inflexible et qu'on châtiât rigoureusement les indigènes qui se livreraient à des actes de brigandages ou à des méfaits contre nos soldats et les colons européens.

La direction des affaires de l'Algérie était alors dans les attributions du président du conseil des ministres. Ce n'est qu'en 1832, après le décès de M. Casimir Perier, qu'elles furent dévolues au ministre de la guerre, en raison de l'extension que prenaient les opérations militaires. En 1871, elles passèrent au ministère de l'intérieur, en même temps qu'on décida de donner désormais à l'Algérie un gouverneur général civil. Depuis les rattachements, tous les ministres ont leur part de responsabilité dans les affaires algériennes, mais aucun d'eux n'en a la direction politique. Il serait donc logique de rendre cette direction au président du conseil, comme on l'a fait tout récemment pour les affaires tunisiennes, et de laisser à sa disposition la nomination du gouverneur général.

Actuellement, le gouverneur général reçoit des instructions de tous les ministres pour ce qui concerne les divers et multiples services dont il a la haute direction ; mais il ne faut pas perdre de vue qu'il y a en Algérie 2,800,000 (1) musulmans, parmi lesquels des chefs puissants et des marabouts vénérés qui sont incessamment assaillis par la propagande panislamique, par l'envoi de journaux arabes, par des correspondances secrètes venues de Constantinople, d'Egypte et de Tunisie. On dirait que les Ottomans pressentent qu'ils vont perdre pied en Europe, où ils n'étaient que campés. L'Autriche et la Russie les refoulent vers l'Asie. Le

(1) D'après le dernier recensement, il y a en Algérie 2.851,019 musulmans, 233,937 Français, 189,944 étrangers, et 35,365 israélites.

panislamisme n'est peut-être qu'un effort pour rallier les forces musulmanes et préparer une revanche éclatante. L'Afrique seule, et particulièrement le nord de l'Afrique, semble désignée comme le point de concentration pour cette résurrection de l'Islam. Les derniers événements survenus en Egypte donnent une certaine consistance à ces hypothèses. C'est en politique surtout qu'il y a loin de la coupe aux lèvres et que les projets se changent en chimères. Mais les hommes politiques clairvoyants doivent tenir compte de tout dans leurs prévisions. Ils n'attendent pas la réalisation, le commencement d'un projet pour étudier ses conséquences possibles. Si les mesures qu'on aura prises pour les combattre sont réellement bien conçues, elles seront utiles et efficaces pour l'intérêt public, lors même que le projet resterait à l'état chimérique.

L'occupation de la Tunisie, la déclaration de notre protectorat nous ont donné la charge de réformer l'administration de la Régence, d'y établir l'ordre et d'y créer des conditions favorables pour le développement de la prospérité du pays. Cette mission n'est-elle pas tout à fait semblable à celle qui nous est imposée vis-à-vis des populations musulmanes de l'Algérie? N'y a-t-il pas une corrélation étroite entre les mesures que nous prendrons en Tunisie et celles que nous appliquons en Algérie? Si nous ne savons pas faire aimer notre domination par nos sujets musulmans, comment réussirons-nous à faire aimer notre protectorat dans la Tunisie limitrophe à la province de Constantine? Et réciproquement, si nous adoptons en Tunisie un système favorable au bien-être et à la civilisation de nos protégés, comment refuserions-nous les mêmes avantages à l'Algérie? Nous ne pouvons pas être aimés comme protecteurs, pendant que nous serions exécrés comme dominateurs. Ne semblerait-il pas étrange de nous voir fournir en Algérie, par notre conduite vis-à-vis des indigènes, des arguments et des sujets de récriminations à la ligue panislamique, pendant que nous les combattrions en Tunisie par de sages mesures.

Au point de vue algérien comme au point de vue tunisien, il y a donc une nécessité absolue à ce que les deux pays soient soumis à une même direction et au même programme politique.

Nous ne devons pas oublier, nous le répétons, qu'il y a en Algérie plus de deux millions et demi d'indigènes. La population de la Tunisie n'est pas moins nombreuse. Il est évident que notre influence diplomatique en Egypte et dans l'Orient dépendra du succès que nous aurons obtenu en Algérie et en Tunisie vis-à-vis de ces six millions de musulmans. Selon la conduite que nous tiendrons à leur égard — ils resteront sourds aux excitations du panislamisme et nous donneront une grande force morale pour agir sur tous les pays musulmans qui bordent le bassin de la Méditerranée — ou ils seconderont les intrigues de nos ennemis et mettront notre domination et notre protectorat en échec le jour où se produiront des complications dans la politique européenne.

C'est en nous appuyant sur ces rapides considérations que nous demandons que les affaires de l'Algérie et de la Tunisie soient confiées à une direction unique et centralisées au ministère des affaires étrangères, sous les yeux même du président du conseil des ministres.

Tout le monde sait, qu'à l'heure actuelle, la centralisation des affaires algériennes au ministère de l'intérieur est purement fictive. Il serait injuste d'accuser de cette situation, le zèle et l'intelligence du personnel chargé de cet important service, car il est obligé de se renfermer étroitement dans les détails exclusivement d'ordre administratif ; il se trouve donc sans autorité et sans influence pour recommander aux autres départements ministériels auxquels sont rattachés les services algériens, des mesures générales et un programme politique que les circonstances nouvelles rendent indispensables.

Cet état de choses est pour beaucoup dans l'indifférence que l'opinion publique et le parlement lui-même ont témoignée pendant longtemps pour les intérêts de notre colonie algérienne. Aujourd'hui, il ne s'agit pas seulement d'une affaire coloniale ; ce sont nos compatriotes établis en Orient, c'est la bonne renommée de la France auprès de tous les peuples musulmans, qui nous commande d'apporter la plus sérieuse attention à tout ce qui concerne notre domination en Algérie et notre protectorat en Tunisie.

Nous ne saurions trop insister sur ce point, car les contribuables ont le droit d'attendre une compensation aux sacrifices que, depuis un demi-siècle, ils n'ont cessé de faire pour l'Algérie.

Il serait difficile d'établir le bilan rigoureusement exact des sommes que la France a dépensées depuis la conquête jusqu'à ce jour, ainsi que des recettes opérées par le Trésor. Cependant, en compulsant les relevés annuels des dépenses, soit militaires, soit civiles, et en tenant compte des budgets spéciaux des divers départements exerçant leurs attributions en Algérie, en peut évaluer les dépenses annuelles, depuis 1830, à une moyenne de 80 millions de francs, soit environ 4 milliards ; les recettes n'ayant pas dépassé 20 millions, également en moyenne, depuis le même laps de temps, les sacrifices faits par la métropole pour consolider notre conquête algérienne s'éleveraient donc à un peu plus de 3 milliards.

Mais pour rester dans la vérité, il faudrait rechercher la part qui revient à l'Algérie dans les recettes de la Douane ; il faudrait aussi apprécier le mouvement commercial déterminé, principalement dans les ports français de la Méditerranée. Or, malgré tous ces éléments d'atténuation, il ne reste pas moins évident que jusqu'à ce jour, au point de vue purement financier, l'occupation de l'Algérie a été très onéreuse.

En regard de ces sacrifices, il est permis de faire remarquer que les sommes consacrées à la création de ports, de phares, de fortications, d'arsenaux, de casernes, d'hôpitaux, de barrages, de routes et de grands travaux d'utilité publique, ne sont pas perdues pour la grandeur et la richesse de la France.

Si nous ajoutons aux crédits inscrits au budget de l'Etat, les dépenses payées par les départements et les communes pour les écoles, les mairies, les églises, les casernes de gendarmerie, les fontaines, les routes départementales, les chemins vicinaux, et autres travaux secondaires, nous arrivons à une nouvelle évaluation de plus d'un demi-milliard.

Toutes ces dépenses marquent bien la véritable prise de possession par l'activité française du sol conquis par nos armes.

Enfin, depuis quelques années, de nouveaux crédits s'élevant à plus de 7 millions sont portés au budget de l'Etat pour payement d'une garantie d'intérêts aux compagnies de chemins de fer algériens et tunisiens. Si nous ne pouvons pas espérer que ce sera le terme de nos sacrifices, puisque le réseau des chemins de fer qui intéressent à un si haut degré la défense en même temps que la prospérité du pays n'est pas achevé ni vers la Tunisie ni vers le sud de l'Algérie, nous devons au moins signaler la fin des dépenses improductives. Chaque nouveau million dépensé affermit notre domination et garantit le développement de la prospérité de la Colonie.

Afin de ne pas attrister ces considérations, nous n'avons pas parlé des sacrifices d'hommes, à côté des sacrifices d'argent. Si l'armée a payé un lourd tribut à la maladie et à la mort, les colons de la première heure ont aussi fourni un grand nombre de victimes à ces douloureuses hécatombes. N'oublions pas cette face de la question, car c'est par là surtout que l'Algérie est devenue une terre française. N'envisageons pas seulement l'utilité ; écoutons aussi le sentiment qui nous aidera à supporter les vicissitudes à venir, jusqu'au moment où le succès définitif nous rendra avec usure tous nos sacrifices.

TUNISIE

En ce qui concerne la Tunisie, aucune prévision ne figure au budget général de 1883, ainsi que nous l'avons fait observer en commençant ce travail. Jusqu'à ce jour, on a procédé par voie de crédits extraordinaires; mais il n'en sera sans doute plus de même pour 1884, parce que, d'ici-là, le Gouvernement français aura certainement arrêté les bases de l'organisation administrative de la Régence.

En 1881, les crédits alloués au ministre de la guerre se sont élevés à 39,039,000 francs pour un effectif de 50,000 hommes (1), et ils ont dépassé 6 millions pour les autres services : marine, télégraphe, postes et trésorerie.

En 1882, un premier crédit de 17,073,000 francs a été accordé au ministre de la guerre pour le premier semestre ; et, en raison de la réduction de l'effectif qui doit être ramené à 30,000 hommes, 12,910,000 francs suffiront, espère-t-on, pour le deuxième semestre; 4,043,000 francs sont réclamés pour les autres services.

Un crédit de six millions sera encore demandé, dès la rentrée des Chambres, pour organiser l'éclairage et le balisage, ainsi que la construction de phares et d'appontements sur quelques points du

---

(1) Il n'y a jamais eu 50,000 hommes présents en Tunisie ; mais ce chiffre a été atteint, dépassé peut-être, par les mutations qui ont eu lieu pour combler les vides causés par les maladies et les décès.

littoral, notamment à Tabarca, à Sfax, au cap Ferrat, et dans l'archipel de la Galite.

Enfin, le ministre des affaires étrangères a obtenu, le 18 juillet 1882, un crédit de 3,203,000 francs pour les rattachements dont nous parlerons plus loin.

Ainsi, à la fin de 1882, l'expédition de la Tunisie aura coûté à la France 88,268,000 francs d'après les chiffres que nous avons relevés dans les documents officiels, et nous croyons qu'aucun de ces documents ne nous a échappé.

Cette expédition de la Tunisie, il faut le reconnaître, a tout d'abord été accueillie en France avec défiance. Depuis longtemps déjà, une certaine inquiétude régnait parmi les porteurs de titres de la dette tunisienne dont les intérêts étaient irrégulièrement payés; la publication, en Sardaigne, d'un journal arabe dont les épreuves étaient revues à Tunis, et dans lequel notre influence était incessamment minée et notre Gouvernement grossièrement insulté; la rivalité qui existait entre les consuls généraux de France et d'Italie, pour des motifs dont on ne connaissait pas bien l'origine; le mauvais vouloir que le Bey montrait à propos de la question des chemins de fer, de celle de l'Enfida, et des réclamations de la Société marseillaise; tous ces conflits, tous ces griefs, et bien d'autres faits qui avaient un fâcheux retentissement dans le pays, avaient mal impressionné l'opinion publique. On se demandait si notre politique recevait une bonne direction en Tunisie, si nous y étions bien représentés, et on pressentait qu'à un moment donné, nous serions forcés d'intervenir par les armes; mais on espérait que cette nécessité était encore éloignée, si on ne parvenait pas à la conjurer.

Il n'en fut rien. La rivalité des consuls et le mauvais vouloir du Bey s'accentuant chaque jour davantage, le ministère prit prétexte, pour intervenir, de la violation de notre frontière algérienne par les Kroumirs; et, sans déclaration de guerre au Bey, un corps d'armée partant de Constantine y pénétra par la frontière nord-ouest de la Régence.

Sauf quelques échecs éprouvés en Algérie à une autre époque, et dans des circonstances tout à fait exceptionnelles, nous avions été habitués à voir notre armée d'Afrique victorieuse sur tous les points de nos possessions ; la déception fut donc grande, en France, quand on apprit que le corps expéditionnaire ne rencontrait pas, pour ainsi dire, de résistance de la part des Kroumirs, tandis que des pluies torrentielles, incessantes, décimaient nos soldats, comme cela avait eu lieu, il y a près d'un demi-siècle, pendant la première expédition de Constantine. Le général Farre, qui était alors ministre de la guerre, n'ayant pas prévu qu'une aussi triste éventualité pourrait se représenter, n'avait pas pourvu notre corps expéditionnaire d'un matériel d'ambulance suffisant, ni même des objets de campement indispensables à une armée qui va opérer dans un pays de montagnes, dépourvu de tout ce qui peut venir en aide à des soldats en campagne.

De là, la nécessité de remplir les vides que les maladies et les décès faisaient dans nos régiments ; en outre, les renforts expédiés de tous les points de la métropole, ajoutaient encore au mécontentement des nombreuses familles dont les enfants étaient envoyés dans ce qu'elles appelaient la nécropole tunisienne. Cependant, après avoir perdu plusieurs mois à remettre sur pied cette armée qui avait été si mal organisée au début, une courte campagne, terminée par le traité signé le 12 mai 1881 à Kasr-Saïd, près du Bardo, nous valut le protectorat de la Régence et l'occupation de Tunis. Ce succès, prévu par les hommes qui connaissent le pays, avait été favorablement accueilli en France comme en Algérie, et un revirement complet s'était produit dans l'opinion publique. Malheureusement, on répandit à ce moment le bruit que cette expédition avait été préparée de longue main par des spéculateurs puissants, et la hausse considérable que subirent les titres des emprunts tunisiens, depuis longtemps discrédités, sembla confirmer ce bruit perfidement propagé dès que notre intervention en Tunisie avait été décidée ; ces titres atteignirent leur maximum après la signature du traité de Kasr-Saïd. Plusieurs journaux incriminèrent même M. Roustan, notre ministre à Tunis, auquel ils attribuèrent l'initiative de ces spéculations ; mais le ministère qui était en fonction à cette époque, au lieu de réagir par la presse contre cette imputation calomnieuse, fit donner à M. Roustan, par l'intermédiaire de M. Barthélemy-Saint-Hilaire, son chef hiérarchique, l'ordre d'intenter un procès en diffamation à M. Rochefort qui avait, le premier, dans l'*Intransigeant*, porté cette accusation contre notre ministre à Tunis, promu résident depuis le traité de Kasr-Saïd. Les faits scandaleux qui ont été révélés au cours du procès à la charge de l'entourage du Bey, et l'acquittement de M. Rochefort, produisirent en France, ainsi qu'en Algérie et surtout en Tunisie, la plus fâcheuse impression. Certainement, la probité de cet agent diplomatique n'en reçut aucune atteinte ; mais après l'avoir maintenu à Tunis pendant quelques semaines, on reconnut qu'il ne pouvait plus conserver un poste où il s'était trouvé en contact intime avec des personnages déconsidérés, et il fut envoyé aux Etats-Unis comme ministre plénipotentiaire.

M. Roustan a été remplacé à Tunis par M. Cambon, homme d'un grand mérite, conciliant et ferme tout à la fois, et qui avait révélé comme préfet de hautes capacités administratives. On est donc fondé à espérer que notre protectorat aura le succès que nous devons en attendre en raison des sacrifices que la France a faits. Après avoir pris possession de ses nouvelles et délicates fonctions, M. Cambon s'est d'abord rendu compte de la situation du pays ; il a ensuite fait sur le littoral tunisien une excursion qui lui a permis de reconnaître les principaux points de la côte où notre commerce trouverait des débouchés avantageux ; il a aussi adopté les mesures les plus efficaces pour nous concilier les indigènes, et déjouer les intrigues que la Turquie, encouragée par le Machiavel allemand ou par des conseillers mystérieux dont on soupçonne la nationalité, avait fomenté à Tripoli. C'était à Tripoli, c'est là encore que sont sûrs de trouver refuge et protection tous les bandits qui viennent piller les tribus restées fidèles au bey, en acceptant notre protectorat, afin de reprendre leurs travaux agricoles ainsi que leurs habitudes commerciales.

Les populations tunisiennes paraissent, en effet, plus aptes que celles de l'Algérie à s'assimiler les progrès de notre civilisation ; plus instruites, plus industrieuses, plus commerçantes ; ayant plus de capitaux que n'en détiennent les Arabes de nos possessions algériennes, elles sont aussi moins guerrières ; mais ces bonnes dispositions, ces conditions favorables sont paralysées par la détestable administration des agents du bey. Il sera donc plus facile, au moyen de sages mesures, notamment en ne portant aucune atteinte à leur religion ni à leurs mœurs, en protégeant leurs propriétés et leur commerce, en améliorant leur bien-être, en propageant l'instruction dans le pays, il sera facile, disons-nous, de nous attacher ces populations et de les soustraire au fanatisme en défendant et en développant leurs intérêts matériels.

Les rattachements, pour lesquels M. de Freycinet avait demandé un crédit de 3,203,000 francs, que les Chambres votèrent avant de se séparer, sont sans doute les premières mesures qui conduiront à ce résultat, et rendront l'annexion facile, si les circonstances extérieures ou intérieures nous l'imposaient pour la sécurité de nos possessions algériennes.

Sur le crédit de 3,203,000 francs, 103,000 francs seront affectés à la justice, pour la transformation des tribunaux français à Tunis, et leur établissement sur d'autres points, dans le but de venir en aide aux tribunaux musulmans, et non pour les supplanter et les annihiler. Il a été reconnu que 300,000 francs sont nécessaires à l'instruction publique, afin de développer l'école d'enseignement primaire supérieur à Tunis, et jeter les bases de l'enseignement agricole et industriel. Enfin, les 2,800,000 francs complétant ce crédit, sont destinés à la formation de compagnies mixtes, franco-tunisiennes, dont l'organisation est confiée au général Lambert. On ne pouvait faire un meilleur choix pour la création de ces compagnies, dans lesquelles l'élément musulman sera enserré dans des cadres français, que commanderont des officiers de zouaves, de tirailleurs algériens et d'infanterie de ligne parlant l'arabe, et familiarisés avec les mœurs et les habitudes des indigènes. La désignation de ces officiers sera certainement faite dans les meilleures conditions, car le général Lambert connait nos officiers d'Afrique pour avoir fait au milieu d'eux la plus grande partie de sa carrière militaire. Il s'agit d'essayer en Tunisie, sur une plus large échelle, ce qu'on avait tenté dans la province de Constantine après la prise de cette ville. Parlant l'arabe, et aussi intelligent que brave, le général Lambert saura imprimer à cette création : l'unité, l'instruction, la discipline, ainsi que le sentiment du devoir, qui ont toujours été observés partout où il a exercé un commandement.

L'organisation de ces Compagnies mixtes formera sans doute, dans un temps assez rapproché, le noyau d'un corps indigène qui, avec une division d'infanterie et quelques escadrons de cavalerie, suffiront pour maintenir l'ordre en Tunisie et y faciliter la rentrée des impôts.

Ces impôts sont évalués à 13 millions et demi ; mais ils pourraient s'accroître dans une notable proportion s'ils étaient mieux assis, plus équitablement répartis, et perçus par une administration régulière, ainsi que l'a démontré récemment un inspecteur des finances qui avait été envoyé en mission à Tunis. Le rapport de ce haut fonctionnaire constate que les douanes seulement produisent près de trois millions, malgré le défaut de contrôle, les malversations et l'insuffisance de personnel, et qu'elles rendraient au moins un million de plus si on supprimait les privilèges abusifs et les exemptions de taxes dont jouissent les protégés de certains consulats. Ainsi, contrairement à ce qui se passe depuis un demi-siècle en Algérie, où les dépenses sont encore de beaucoup supérieures aux recettes, la Tunisie suffirait à ses besoins, et ses ressources, bien gérées, donneraient même un excédent qui pourrait être affecté à la création de routes, à des travaux publics, et à toutes les améliorations qu'exigent les pays musulmans où pénètrent et s'implantent les peuples civilisés.

La tranquillité étant maintenant rétablie sur tous les points de l'Algérie, la sécurité de nos frontières algériennes nous paraît désormais assurée de ce côté, surtout depuis que l'armée anglaise a dispersé les bandes révolutionnaires d'Arabi et replacé l'Égypte sous l'autorité du khédive.

Quelles que soient les combinaisons diplomatiques que l'Angleterre adopte pour assurer un résultat positif au brillant succès qu'elle a remporté, il faut certainement s'attendre à ce qu'elle ne laisse pas échapper l'occasion d'établir en Égypte un protectorat ayant quelque analogie avec celui que nous avons créé de fait en Tunisie. La question du maintien de la suzeraineté du Sultan peut être résolue assez habilement pour sauvegarder l'amour-propre de la Turquie et prévenir les réclamations des puissances européennes.

Elle pourrait alors réorganiser, sous sa tutelle, l'administration du pays, en s'appuyant sur un personnel égyptien, et unifier la dette en la rachetant. Substituant ainsi sa garantie à celle du vice-roi, tous les créanciers seraient rassurés, et le crédit de l'Égypte assis sur une base solide. Ce serait la meilleure manière de désintéresser la France, du moins quant à la question d'argent, du maintien du contrôle anglo-français. Notre influence politique y perdrait certainement ; mais on semble en avoir fait assez bon marché dans ces derniers temps, et on se consolerait sans doute facilement par la hausse de la Dette unifiée.

L'Angleterre n'a aucun intérêt à ressusciter le régime des capitulations, et elle a tout à gagner en consolidant les tribunaux mixtes qui offrent les plus sérieuses garanties aux Européens que leurs affaires retiennent en Égypte. Ce qui sera fait à cet égard ne pourra que nous faciliter le règlement de la question des capitulations en Tunisie. Il est évident que ce système étrange de justice consulaire doit disparaître. Si nous rencontrons des difficultés dans les tardives négociations engagées, nous les devons à nos hésitations et à des scrupules hors de saison que l'Angleterre n'a pas éprouvés en s'installant en Chypre, et l'Autriche dans l'Herzégovine. Nous-mêmes, en 1830, lorsque nous avons fait la conquête d'Alger, nous n'avons pas pensé un seul instant que les juridictions consulaires pussent être conservées.

Tout permet d'espérer que la France et l'Angleterre vont suivre la même politique dans le nord de l'Afrique, à l'effet de déjouer les tentatives du fanatisme, religieux ou politique, des confréries musulmanes pour contrarier la régénération de ces populations par la civilisation européenne. Par la diffusion de l'instruction publique, par le secours que nos capitaux prêteront aux indigènes pour la mise en valeur des richesses naturelles de leur pays, nous pouvons remporter des victoires plus éclatantes et plus décisives que par les armes. L'islamisme paraît plus jeune que le catholicisme ; mais, par le fait, il est plus vieux, et ce n'est pas dans l'état de décrépitude où il est tombé en Afrique, comme en Asie, qu'on peut craindre un réveil puissant du fanatisme. Les croyances sont peut-être plus vivaces dans les individus parce qu'elles s'appuyent sur un développement intellectuel moins profond qu'en Occident; mais elles n'ont plus, au point de vue social, la solide constitution que le catholicisme a conservée.

Dans cette situation, si on respecte les convictions religieuses des indigènes, si on les laisse libres dans le domaine de la famille et de l'individu, elles ne gêneront en rien nos efforts pour améliorer les conditions de l'existence intellectuelle et matérielle des populations. Ce n'est plus par les armes ni par le *Labarum* de Constantin que la civilisation triomphera : c'est par l'instruction appliquée au développement des intelligences, par les capitaux consacrés à féconder le travail. Sur ce terrain, la France peut marcher de pair avec l'Angleterre.

Ce qui s'est passé en Tunisie depuis le commencement de l'occupation française, les dispositions constatées chaque jour chez toutes les classes de la population, dans les villes comme dans les tribus, nous montre qu'il n'y a rien de chimérique dans ces espérances. Une bonne direction donnée à l'administration de la Régence nous conduirait par des réformes prudentes et successives jusqu'à la fin du règne de Mohammed-es-Sadok. Sa succession semble, jusqu'ici, dévolue à son frère et héritier Ali-Bey, qui passe pour sympathique au protectorat français. Mais si nous rencontrions chez le futur Bey des dispositions hostiles, l'annexion serait une solution dont toutes les difficultés auraient été aplanies.

Cette annexion a été indiquée peu de temps après la prise d'Alger par Casimir Perier, qui était alors président du Conseil des ministres. Récemment encore, M. Ferdinand de Lesseps rappelait que cet homme d'État (1) « considérait la Tunisie comme liée à la France « par des liens de vasselage qui datent moralement de notre con-«. quête algérienne, et matériellement du jour où le gouvernement « de ce territoire enclavé dans nos possessions a voulu se sous-« traire à notre influence prépondérante. »

M. Ferdinand de Lesseps a écrit aussi qu'à cette époque, certaines circonstances dont il aurait été témoin empêchèrent le Gouvernement français de ratifier un traité qui avait été préparé par son père, M. Mathieu de Lesseps, consul général et chargé d'affaires de France à Tunis, traité par lequel « le Bey autorisait son frère et héritier à accepter le beylik de Constantine » et celui d'Oran, ainsi que nous l'avions déjà relaté « sous l'autorité de la France, et ce, moyennant un tribut garanti par la Tunisie. »

Après Casimir Perier ; après M. Thiers et M. Mathieu de Lesseps ; après les maréchaux Valée et Bugeaud, dont la haute compétence dans les affaires algériennes n'a jamais été contestée ; après les généraux Négrier et Cavaignac, dont les aptitudes administratives étaient à la hauteur de leur bravoure ; après ces hommes d'Etat, ces diplomates et ces généraux éminents, M. Léon Roches, qui était le véritable bey de Tunis à l'époque où il représentait la France dans cette Régence, indiquait également l'annexion de la Tunisie comme le couronnement de notre conquête du nord de l'Afrique.

Il appartient au Gouvernement républicain d'achever cette œuvre, en persévérant dans la voie civilisatrice qu'il poursuit en Algérie et en Tunisie.

---

(1) *Nouvelle Revue*, numéro du 1ᵉʳ décembre 1881.

www.ingramcontent.com/pod-product-compliance
Lightning Source LLC
Chambersburg PA
CBHW061232030726
47595CB00004B/1501